김재성 글

서울대 영어교육학과 재학 중 미국으로 가서 앨러배마 주립대 치과대학원을 졸업했고, 미시시피 주립대학병원에서 통합치의학 전문의 과정을 마쳤어요. 25년이 넘게 치과 진료를 해 오던 중, 어린이들에게 재미있는 이야기로 치아의 중요성을 알리기 위해 《치과 의사의 행복한 치아 이야기》를 쓰게 됐어요. 2009년 한국추리작가협회에서 《목 없는 인디언》으로 신인상을 수상하며 작가로 등단했고, 2014년 《드래건 덴티스트》로 제9회 소천아동문학상을, 2015년 《경성 새점 탐정》으로 제13회 푸른문학상을 수상했어요. 글을 쓴 작품으로 《천상열차분야지도》《경성 새점 탐정》《호텔 캘리포니아》《경성 좀비 탐정록》《불멸의 탐정, 셜록 홈즈》《제주도로 간 전설의 고양이 탐정》 등이 있어요. 한국추리작가협장과 경찰청 과학수사대 자문 위원으로 활동하고 있어요.

백명식 그림

강화에서 태어나 서양화를 전공했고, 출판사 편집장을 지냈습니다. 어린이들이 좋아하는 책을 쓰고 그릴 때 가장 행복합니다. 그린 책으로는 《자연을 먹어요(전 4권)》《WHAT 왓? 자연과학편(전 10권)》 시리즈, 《책 읽는 도깨비》 등이 있으며, 쓰고 그린 책으로는 《돼지 학교(전 40권)》《인체과학 그림책(전 5권)》《맛깔나는 책(전 7권)》《저학년 스팀 스쿨(전 5권)》《명탐정 꼬치의 생태 과학(전 5권)》 시리즈 등이 있습니다. 소년한국일보 우수도서 일러스트상, 소년한국일보 출판부문 기획상, 중앙광고대상, 서울 일러스트상을 받았습니다.

몬스터 치과 병원 ④

김재성 글 | 백명식 그림

1판 1쇄 발행 2020년 8월 7일　1판 2쇄 발행 2023년 5월 20일
펴낸이 정중모　펴낸곳 파랑새　등록 1988년 1월 21일(제406-2000-000202호)
편집장 서경진　편집 강정윤, 조웅연　디자인 권순영　마케팅 김선규
홍보 최가인　온라인사업팀 서명희　제작 윤준수　관리 이원희, 고은정, 구지영
주소 경기도 파주시 회동길 152　전화 031-955-0670　팩스 031-955-0661　홈페이지 www.bbchild.co.kr
전자우편 bbchild@yolimwon.com　ISBN 978-89-6155-899-0 74510, 978-89-6155-752-8 (세트)

ⓒ 김재성, 백명식 2020

· 책값은 뒤표지에 있습니다.
· 저작자와 출판사의 허락 없이 이 책의 일부 또는 전체를 인용하거나 발췌하는 것을 금합니다.

어린이제품안전특별법에 의한 제품 표시
제조자명 파랑새 | 제조년월 2023년 5월 | 제조국 대한민국 | 사용연령 3세 이상

몬스터 치과 병원 ④

몬스터 치과를 되돌려라! - 올바른 양치질 방법

저주에 걸린 숲속 몬스터 치과 병원에는
빗자루 칫솔과 마법 거울을 든
몬스터 치과 의사가 있었어요.
몬스터 치과 의사의 곁에도
저주에 걸린 친구들이 많았어요.
저주에 걸린 몬스터 치과 의사는 매일 아침
마법 솥단지에 마법 수프를 끓였어요.
펄펄 끓는 솥에서 부글부글 거품들이 터지며
소리쳤죠.
"달콤한 사탕을 부어 줘!"

몬스터 치과 의사는 마법 수프를 한입 떠먹었어요.
그러자 커다란 거미로 변신했죠.
거미는 숲속으로 가서 눈에 보이지 않는
거미줄을 쳐 두었어요.
그때! 말끔이와 깨끔이, 작은 여자아이 둘이
숲으로 들어왔어요.
숨바꼭질 놀이를 하다가 너무 멀리 와 버렸던 거예요.

말끔이는 유난히 반짝이는 하얀 치아를 가진
검은 머리 소녀였어요.
깨끔이는 얼굴이 사과처럼 발갛고 예쁜 갈색 머리를
가졌지만, 치아는 누런색이었어요.
두 소녀는 단짝 친구답게 예쁜 치마를 입고,
똑같이 주홍빛 신발을 신고 있었답니다.

"한번 먹어 봐. 정말 맛있어."
깨끔이가 주머니에서 막대 사탕 하나를 꺼내
말끔이에게 주었어요.
"이걸 먹으면 치아가 많이 상할 텐데……."
말끔이는 잠시 머뭇거렸지만 달콤한 냄새가 너무 좋아
정신없이 사탕을 먹기 시작했어요.

그때 깨끔이가 발을 헛디뎌서 거미줄 쪽으로
넘어졌어요.
"앗!"
"안 돼, 깨끔아!"
말끔이는 깨끔이를 구하려고 손을 뻗었다가
발을 헛디뎌 거미줄에 엉켜 버렸어요.
끈적끈적한 거미줄에 얽혀 버린 말끔이와 깨끔이는
작은 새처럼 꿈틀거리며 소리쳤어요.
"살려 주세요! 거미줄에서 구해 주세요!"

그때! 그 모습을 숨어서 지켜보던 커다란 거미가
거미줄로 다가왔어요.
거미는 가늘고 반짝이는 하얀 줄로
말끔이와 깨끔이를 꽁꽁 감아 버렸어요.
말끔이와 깨끔이는 누에고치처럼 되어
꽁꽁 갇혀 버렸어요.
거미는 고치를 등에 지고 번개같이 숲속으로
이동했어요.

"으악! 도와주세요."
말끔이와 깨끔이는 꿈틀거리며 소리치고 울었어요.
그러나 아이들의 소리를 들은 건 숲속의
동물들뿐이었어요.
거미는 강을 건너고 풀밭을 지나서 아이들을
숲속 깊이깊이 데려갔어요.

마침내 거미는 숲속 몬스터 치과 병원에 도착했어요.
울퉁불퉁 두꺼비가 신나서 문을 활짝 열어 주었어요.
"고치 안에 뭐가 들었나요?"
"숲속에서 막대 사탕을 먹던 꼬마아이 둘을 잡아 왔지!"
마법의 수프를 한입 떠먹은 거미는
저주받은 몬스터 치과 의사의 모습으로 다시 돌아왔어요.
"고치를 열어라! 아이들을 보자!"
초콜릿 총을 든 초콜릿 병정들이 한목소리로
소리쳤어요.

그때 푸른 용이 고치를 향해 무시무시한 불을 내뿜었어요.
고치가 녹아내리자 막대 사탕을 입에 물고 있던 깨끔이와
말끔이가 나타났어요.
"우리를 왜 여기에 데려왔어요?"
말끔이가 떨리는 목소리로 물었어요.
"바로 너희가 먹던 그 단것 때문이지!"
몬스터 치과 의사가 대답했어요.
깨끔이가 울음을 터뜨리며 들고 있던 막대 사탕을
떨어뜨렸어요.

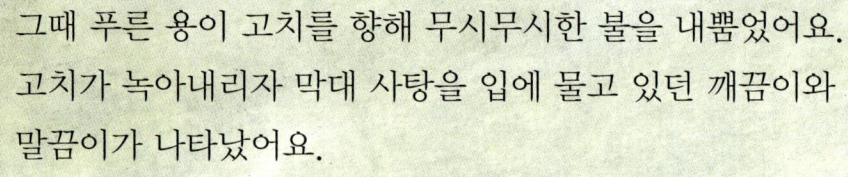

몬스터 치과 의사는 말끔이와 깨끔이에게
빗자루 칫솔을 휘둘렀어요.
그러자 말끔이와 깨끔이의 몸이 공중으로 붕 뜨더니
괴물 의자 위로 날아갔어요.
말끔이와 깨끔이가 의자 위에 앉자 전사들이 날아와
아이들을 꽁꽁 붙잡았어요.
"멈춰, 멈추란 말이야. 집에 보내 줘!"
"안 돼! 너희들은 지금부터 세 가지 질문에 대답해야 해.
그렇지 않으면 고치 안에 영원히 가둬 버릴 테다!"
몬스터 치과 의사가 소리쳤어요.

"자, 그럼 슬슬 질문을 시작해 볼까?"
주사기를 든 전사들이 노래하듯 말했어요.
"너희들은 하루에 몇 번 이를 닦지?"
전사들이 괴물 의자 주변을 돌며 물었어요.
"저는 엄마가 잔소리할 때만 닦아요."
깨끔이가 누런 이를 자랑스럽게 내보이며 대답했어요.
"뭐라고? 엄마가 잔소리할 때만 닦는다고? 혼 좀 나야겠구나."
깨끔이는 괴물 의자 위에서 발버둥 치며 엉엉 울었어요.
하지만 말끔이의 대답을 듣기 위해 이내 울음을 그쳤죠.

이제 말끔이가 대답할 차례네요.
"저는 하루에 세 번 이를 닦아요. 간식을 먹으면 바로
이를 닦기 때문에, 더 많이 닦는 날도 있어요."
말끔이가 하얀 치아를 드러내며 대답했어요.
"우와, 정말 훌륭하다. 음식을 먹은 뒤에는 꼭
이를 닦아야 한단다."
전사들이 말끔이 머리 위에서 노래하며 춤을 췄어요.
말끔이는 괴물 의자에서 풀려났답니다.

"그럼 두 번째 질문! 이를 얼마나 오래 닦지?"
가위를 손에 든 전갈이 다가와 물었어요.
"오래 닦으면 너무 매워요. 마음속으로 숫자 열을
셀 때까지만 닦고 몰래 도망쳐요."
전갈의 가위를 보고 겁에 질린 깨끔이가 재빨리
대답했어요.
"그러니 치아가 그리 누렇지! 너는 괴물 의자에
계속 앉아 있으렴."
"으앙!"
이번에도 깨끔이는 소리쳐 울었어요.

"저는 치아가 하얘질 때까지 닦아요. 재깍재깍 소리를 내는 긴 바늘이 세 바퀴를 도는 동안요."
"우와! 말끔아, 정말 대단해!"
전사들이 귀엽게 춤추며 박수를 보냈어요.
"이제 마지막 질문! 너희들, 평소에 어떻게 이를 닦는지 설명해 봐."
푸른 용이 치아 모양의 불길을 내뿜으며 물었어요.

깨끔이가 몬스터 치과 의사의 빗자루 칫솔을 들고 설명하기 시작했어요.
"이렇게 앞니만 대충 닦아요. 그래도 엄마 아빠는 감쪽같이 속아요."
"뭐라고? 세상에!"
푸른 용이 화가 나서 뜨거운 연기를 내뿜었어요.
먹구름같이 검은 연기가 걷히자 깨끔이가 있던 자리에 흙투성이 두더지가 앉아 있었어요.

푸른 용은 고개를 돌려 말끔이를
무섭게 바라보았어요.
말끔이는 두더지가 된 깨끔이를 품에 꼭
안고 침착하게 대답했어요.
"저는 치아의 윗부분부터 열심히 닦아요.
그리고 치아의 바깥쪽, 안쪽도 닦지요.
잇몸에서 이까지 위아래로 닦아요.
그다음 혀도 닦아요."
말끔이는 평소 습관대로 설명했어요.

부글부글 끓던 마법 솥단지의 수프 속에서
요정들이 날아올랐어요.
요정들은 두더지를 안고 있던 말끔이와
저주에 걸린 몬스터 치과 안의 모든 친구들에게
마법의 수프를 뿌려 주었어요.
"고맙다, 말끔아. 못된 마법으로부터 우리를
구해 주었구나!"
저주에서 풀린 몬스터 치과 의사가 말끔이를
보며 미소를 지었어요.

친구들은 다 함께 몬스터 치과 병원의 간판을
달았어요.
사랑스럽고 하나도 안 아픈 몬스터 치과 병원
그러고 보니 두더지가 된 깨끔이는 어떻게 되었을까요?

깨끔이는 몬스터 치과 의사에게 올바르게
이 닦는 법을 배운 후 집으로 돌아갔답니다.
그리고 그때부터 새하얀 치아를 갖게 됐다고 해요.

몬스터 치과 의사 선생님의 당부!

어린이 여러분!
치아를 올바르게 닦지 않으면 치아는 금세 상하고 썩게 돼요.
건강한 치아를 유지하는 가장 중요한 습관인 올바른 양치질 방법에 대해 알아볼까요?

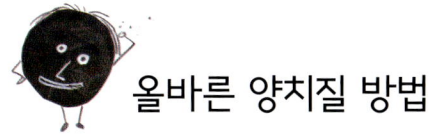

올바른 양치질 방법

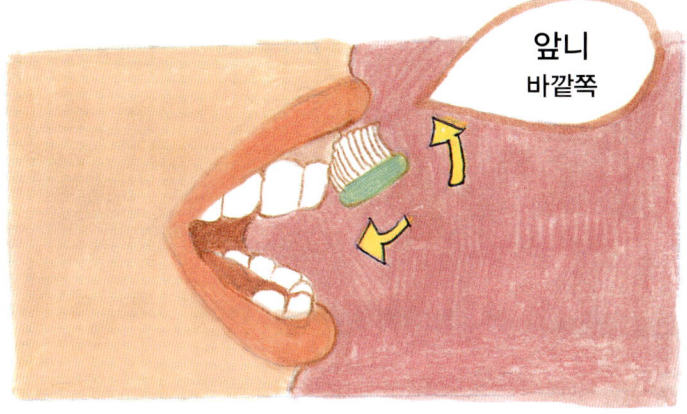

칫솔을 가로로 잡고 앞니 바깥쪽을 위아래로 닦아요.

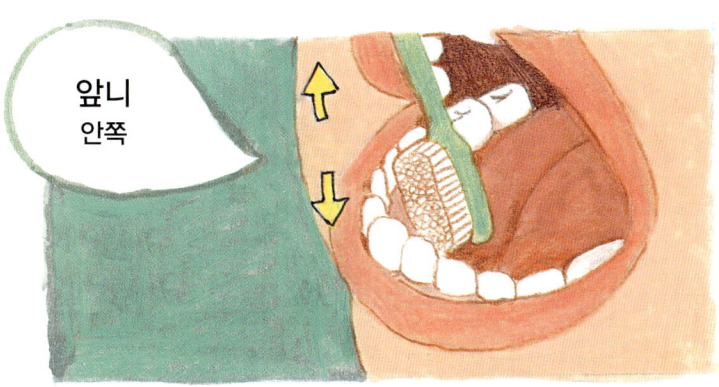

칫솔을 세워서 앞니 안쪽을 위아래로 닦아요.

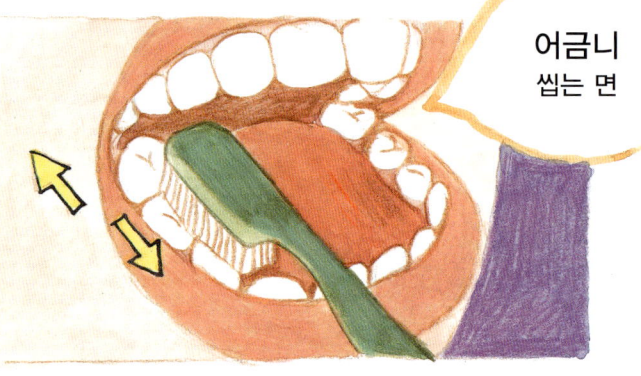

어금니
씹는 면

어금니의 음식 씹는 면은 앞뒤로 깨끗이 닦아요.
씹는 면에는 홈이 많아서 음식이 끼면 잘 빠지지
않거든요.

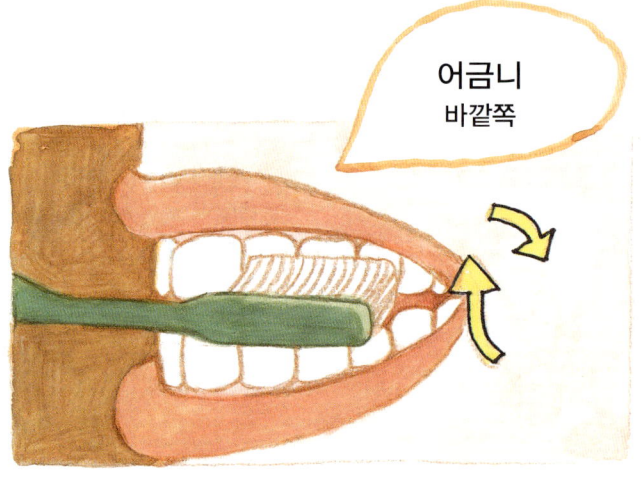

어금니
바깥쪽

위에서 아래로 칫솔을 회전시키며 어금니
바깥쪽을 닦아요.

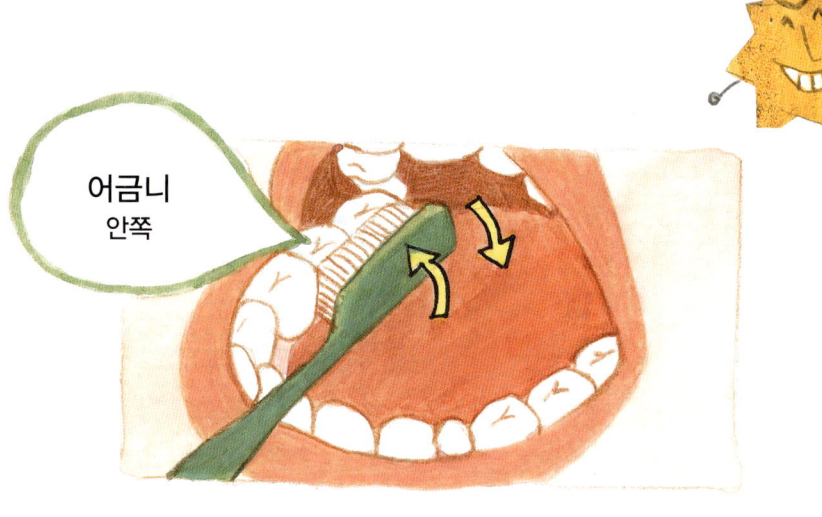

바깥쪽과 마찬가지로, 위에서 아래로 칫솔을
회전시키며 어금니 안쪽을 닦아요.

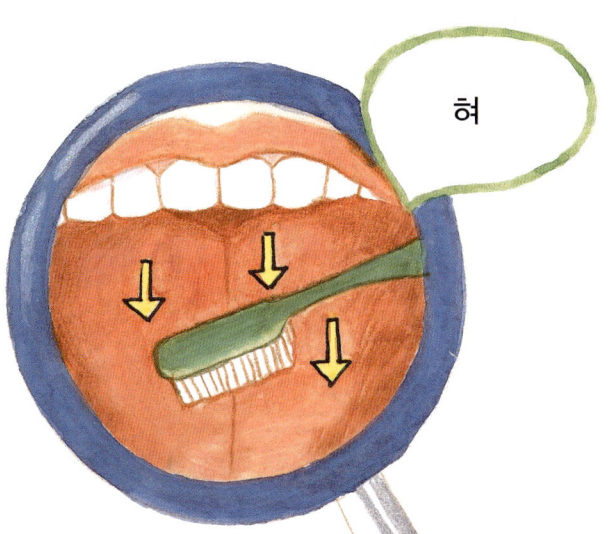

마지막으로 혀도 칫솔로 깨끗하게 닦아야
입에서 고약한 냄새가 나지 않아요.